U0453868

# 迪奥 谈
# Dior

*Je suis Couturier*

[法] 克里斯汀·迪奥 著
Christian Dior

潘娥 译

重庆大学出版社

Christian Dior
30, AVENUE MONTAIGNE
PARIS-8e

DELPHINE

107

**Christian Dior**
30, AVENUE MONTAIGNE
PARIS - 8e

Nº 20 ZIGOMAR

# \ 序 /

库德雷的磨坊远离尘世。这是克里斯汀·迪奥如此钟爱它的原因。

房子由三幢建筑构成，环绕着一个宽敞的院子，一边毗邻莱珂尔（一条盛产鳟鱼的可爱小溪），一边紧靠着"迪奥先生"和波兰园丁伊万种植的花花朵朵。迪奥先生和伊万在花园里穿得差不多，都是一身"标准园丁"的打扮：长及大腿的橡胶靴、农夫帽、厚羊毛衫和美式夹克。要论起在河弯处围堰，清理布满芦苇的池塘，种上丁香、梨树或柳树，挑选郁金香球茎，将花坛里

*1*

的波斯菊和百日菊混搭，侍弄豌豆或龙蒿，克里斯汀·迪奥无人能敌。连环游过世界的伊万在他面前也心悦诚服……除了高级定制，克里斯汀·迪奥最喜欢的就是每周一次回到这里与土地亲密接触。

在米利的周末，是平静的快乐，是静谧，像挂断电话般截断烦恼。这里有"魔鬼池塘"荒凉的景色，长长的芦苇如波似浪，透明的云朵飘过高远的天际，一切都让克里斯汀·迪奥心情放松：三月的第一缕阳光中，一朵藏红花初展花瓣，一枚鲁莽的报春花在墙角变红，小狗波比尽管穿上"优雅的狗狗装"，但按索格 [1] 的说法："看起来像一串奔跑着的烤肉"。伊万在某些无人的夜晚，坐在大壁炉旁喝着薄荷酒，会讲述他是如何离开故乡波兰，历经南美的非凡冒险，最终到达米利的。而克里斯汀·迪奥则一针针绣着他的

1 Sauguet, 指 Henri Sauguet, 1901—1989 年，法国作曲家。——译者注

挂毯，或在旁边玩纸牌。伊万还会聊起要干的活计，计划种植的花卉。因为在磨坊，永远有新项目急待完成。作为最后一任封建领主的克里斯汀·迪奥，无疑对自己的责权界限毫无概念，因为是他的心灵在指引着一切。

马提尼克岛的厨师丹妮斯对此再清楚不过，她已经在这里工作十年了。有一栋建筑是她的专属活动空间。她的老板开玩笑般地叫她"丹妮斯夫人"。丹妮斯可以自诩是这世上唯一享受迪奥高级定制服务的厨师。去做弥撒时，邻居们总是惊奇地端详她那身红宝石大衣。在宽敞的厨房里，她身穿马德拉斯裙和围裙，在白色的水槽和擦得铮亮的橡木橱柜间忙碌。丹妮斯做的菠萝冰沙无人能敌，她看不上美国式的舒适，相较巴黎更喜欢米利，度假锁定意大利，无论是十八个人的正式晚宴，还是四个人的临时聚餐，她永远保持蓝带厨师的淡定自若……

米利的这座房子并不起眼，有着灰色的屋顶和古老的乡村墙壁。梦想与现实需求似乎极自然地融合在一起。每个房间都有独特的诗意。克里斯汀·迪奥尊重这种诗意，并复兴了它。"女主人卧房"中带白色帏盖的天鹅颈床与最舒适的浴室相邻；柜子散发着薰衣草的香气，柜里摆放着从纽约带回的最新款唱片机。鲜花摘自花园，克里斯汀·迪奥亲手做的插花，各色花式混搭。偶尔他会离开米利，去古董店搜寻缀满玫瑰、镶着金线的塞弗尔瓷瓶（他现下痴迷于此）。但他有时会在一对 18 世纪的花盆前犹豫三周之久，这对花盆放在客厅的双面壁炉上会很漂亮。因为他有"害怕"的魔头，还是个女魔头——他的秘书兼财务拉梅小姐。该如何向她坦白这笔支出呢？拉梅小姐把钱袋子看得很紧……她也是克里斯

4

汀·迪奥的老友，不过一切最终会以友爱的方式解决。

　　在一间诗意盎然的房间里，温暖的舒适就像毛皮衬里般氤氲着幽暗的波斯气息，玫瑰盛开，远离巴黎、时尚和俗事，在噼啪作响的火炉边，克里斯汀·迪奥安静地画着图纸。也正是在这里，开始了本书的对话。

Je suis Couturier

———

迪奥 谈 Dior

CHRISTIAN DIOR

第一章

I

**Christian Dior**

30, AVENUE MONTAIGNE
PARIS

P.E 1954

克里斯汀·迪奥

——

我从未想过要成为一名时装设计师！

我从未想过要成为一名时装设计师!

压根就没有过。

当然，我很关注女性的倩影。就像所有的孩子一样，我会敬慕某位优雅的"夫人"，但并不会特别关心一件衣服或一顶帽子的细节。

女性在我儿时的记忆中，印象最深是她们的

香水，那种隽永的香味——比今天的香水更持久——在她们离开电梯后还长久地停驻在空气里。在我的记忆中，那些被皮草裹住的女性大胆的手势、火焰般的热情以及琥珀项链，像是安东尼奥·德拉甘达拉[2]和卡罗·德尔维拉[3]的画作一样，是我最迷恋的旧时代风尚给我留下的唯一有意识的记忆。

我还清晰地记得 1915 年，那些宽松短裙、高系带短靴和猴毛皮草刚出现时所引发的轰动。

我注视女性，欣赏她们的倩影，像同龄男孩一样为她们的优雅心动；但如果有人预言说有一天我会成为时装设计师，会通过复杂的细节研究如何剪裁、拉伸、做褶裥，会驾驭布料创作各种款式，这种预言会令我大感吃惊。机缘巧合，同时也是情势所迫，从 1935 年起，我开始画时尚

2 Antonio de la Gándara，1861—1917 年，法国印象派肖像画家、色粉笔画家。——译者注

3 Caro Delvaille，1876—1928 年，法国画家。——译者注

Je suis Couturier
————
迪奥 谈 Dior

11

草图。

那时的我刚从一场漫长的重病中恢复过来。财务问题迫使我第一次认真思考赚钱谋生。

去银行上班？做行政管理？按部就班地过日子？这种生活我想都不敢想。尽管具体形式尚未确定，但我下定决心要做一些事，简而言之，就是做一番改变。

青年时代的我曾醉心创作。我学过绘画、音乐、艺术，涉猎广泛，但从未真正定性。是因为懒散，还是玩世不恭？我不知道，也不好说。那时的我更喜欢帮助朋友们，鼓励他们创作：有一次我甚至开了一间画廊，只卖朋友们的画作。

只要有机会去听音乐会，去剧院，为年轻的

4　此处指的是克里斯汀·贝拉尔（Christian Bérard），1902—1949年，法国插画师，设计师。——译者注

5　此处指弗朗西斯·普朗克（Frances Poulenc），1899—1963年，法国作曲家、钢琴家。——译者注

6　Raoul Dufy，法国野兽派画家。——译者注

7　Paul Poiret，法国时装设计师。——译者注

Je suis Couturier
————
迪奥 谈 Dior

艺术家捧场喝彩，现实考虑就全被我抛到脑后了。我有幸结识了一些画家和音乐家，特别是贝拉尔[4]、达利、索格、普朗克[5]，和他们成了朋友，朋友们的成功让我如此感动，甚至失去了自己要做点什么的欲望。

敬慕和友情就足以令我快乐。

刚才提到的重病使我陷入一段时期的沉思和忙碌。我画挂毯设计图是为了自娱自乐，完全没料到挂毯如此广受欢迎。后来进入康复期，日子过得很艰难，拉乌尔·杜菲[6]无意中成了我的救星。我有他的大幅画作"巴黎地图"，我特别喜欢这幅画。画是从保罗·波烈[7]那里得来的，在"装饰艺术"的黄金时代，他订购了这幅画来装饰自己的驳船。为了生计，我卖掉了这幅画，彼时我已经一无所有了。正是这幅画救了我。我亲

13

爱的、珍爱的拉乌尔·杜菲，谢谢你！

那时我住在巴黎的一个朋友让·奥泽恩[8]家，那时他正在画时装和帽子的草图，建议我也试试。于是，在他和马克斯·肯纳[9]的指导下，我颤抖着开始画第一批素描。这些素描与他的画混在一起，接受了某个时装公司的甄选，令我大吃一惊的是，它们立即就被售出了。初战告捷，我毫无悬念地选择了这条路。无知者无畏，我模仿杂志图片，尝试画了一个系列作品。它们奇迹般地又被售出了。

当我回想起那个时刻，试着剖析或定义自己对时尚的看法，以及对优雅的见解时，首先浮现在脑海中的是两个名字——香奈儿和莫利纽克斯[10]。

**8** Jean Ozenne，法国演员，时尚绘图师。——译者注

**9** Max Kenna，美国演员、导演，时装设计师。——译者注

**10** 此处指英国时装设计师爱德华·莫林诺克斯（Edward Molyneux，1891—1974年）创立的品牌Molyneux。——译者注

14

我偶然陪着几位女性朋友参加了莫利纽克斯的两场高级定制系列发布会。在那见到的高级定制裙正是我希望与自己交往的女性所穿的。

　　这些高级定制裙的线条十分简洁明快，在"两次大战间隔期"大获成功。它们或许有些过于单调，但某种莫可名状的巴黎元素使它们变得更柔和、更女性化。没有比这更高贵的了。"英国上尉"莫利纽克斯成功地使他的品牌跻身法国著名品牌。可惜现在它已经陨落了。

　　香奈儿小姐是巴黎最聪颖出众的女性之一。我非常崇拜她。她的优雅连外行人也为之倾倒。香奈儿凭着一件黑色的羊毛衫和十条珍珠项链彻底颠覆了时尚。针织衫、粗花呢、"两件套"的黑色羊毛衫、海军蓝和白色斜纹软呢，女人们都应该感谢她。香奈儿的个人风格影响了她的时代：

15

她创造了一种更适合优雅女性而非漂亮女性的时尚，宣告了褶皱装饰、羽毛装饰和"过度装扮"时代的终结。当她关闭她的商店时，她也关闭了通向优雅和灵性的一扇门。

我初次听到一个即将横空出世的名字，是在伦敦索格和克里斯汀·贝拉尔创作的芭蕾舞剧《夜晚》的首映式上。玛丽-路易斯·布斯凯[11]一袭黑色蕾丝裙（现在看来很经典的一条裙子）闪亮登场，贝贝（克里斯汀·贝拉尔的昵称）对她说："你穿着这条夏帕瑞丽（Schiaparelli）简直太赞了。"然后大家都开始不停地喊："夏帕瑞丽！夏帕瑞丽！"

那是在夏帕瑞丽夫人声名鹊起之前。

"朗万"（Lanvin）这个名字总让我想起那些

11 Marie-Louise Bousquet，法国女演员、时尚记者，后来创办了法国马兰欧尼服装设计学院。——译者注

16

穿着时髦裙子的年轻女孩们，初入社交界的我们一起跳过狐步舞、查尔斯顿舞。在舞会上，她们总是穿着最得体的。

这就是我对高级定制设计师的全部了解！

可能是因为生活在巴黎，经常出入各种场合，我自然而然形成了对优雅的一套个人见解。但直到开始画设计草图，我才开始重新审视那些高级定制裙，去理解它们为什么成功或失败。

在此之前，我只需要敬慕一位女士的优雅，或嘲笑她打扮得滑稽，就足够了。

在我早期的设计草图中，帽子最受欢迎。高级定制裙就没有那么多人欣赏了，这可能是我对它们更加在意的原因。

　　为此，我画了数百张草图，试着学习、理解和预测。我向朋友们，如米歇尔·德·布伦霍夫[12]，伏日尔夫人[13]，乔治·格夫雷[14]展示我的设计草图。他们都是业内人士，我非常感谢他们友爱真诚的评价，起初他们说："不好"，然后说："稍微好一点"，再后来："好些了"，直到有一天，经过一番努力，他们终于告诉我："很好！"

　　我已经画了两年了。两年间日夜不停地探索，凭借年少所学，我终于实现目标：成为一名合格的时尚绘图师。

　　许多著名高级定制设计师成了我的客户。

　　我也开始设计手套、包包、鞋子，尤其是帽子。

12 Michel de Brunhoff，曾任法国版 Vogue 的编辑。——译者注

13 Madame Vogel，吕西安·伏日尔（Lucien Vogel）的夫人，吕西安·伏日尔是一位法国编辑，曾创办多份报刊。——译者注

14 Georges Geffroy，1903—1971 年，古董收藏家、室内设计师。——译者注

15 Janette Colombier，法国帽子设计师。——译者注

阿格尼丝，还有珍妮特·科隆比埃[15]（她对我恩重如山，彼时为玛丽·阿方辛品牌工作）常常买我的素描。科隆比埃会给我看她的完成图，每次我都会说："这比我画的美多了。"但她总说："不是的，你只管正面好看，而不考虑背面或侧面。而我的女性客户们要从各个角度审视自己……"

有时我又会反过来激发她的创作灵感，这些经历对我接下来的工作帮助很大。

16  此处指的是吕西安·勒隆（Lucien Lelong），法国时装设计师。——译者注

为勒隆[16]工作期间，珍妮特·科隆比埃给我的设计图增添了帽子。

同时，我也把创意草图出售给那些来巴黎的外国买家。

另外，负责《费加罗报》时尚版的保罗·加尔达盖斯 [17] 先生定期向我购买插画。虽然我并非出类拔萃的插画师，作品却赢得了人们的喜爱，我也因此获得了时尚界的认可。

那段日子也让我体会到理想职业艰辛的一面：在高级时装店的前厅、在豪华酒店的大厅苦苦等待，临时的紧急预约。这些磨练对我极有助益。

我那时住在波旁宫广场的"勃艮第与蒙塔纳"酒店。这家酒店住着两类完全不同的客人！这也正是它的魅力所在。先是红头发充满激情的玛丽安·奥斯瓦尔德 [18] 带着她喧闹的小团队和崇拜者，随后是在中产和舒适的氛围中诞生的存在主义，与被圣克洛蒂德教堂和法兰西修道院所吸引的另一类客户相毗邻。

17 Paul Caldaguès，《费加罗报》时尚主编。——译者注

18 Marianne Oswald，1901—1985 年，法国演员。——译者注

格夫雷也住在这家酒店，他向我介绍了罗伯特·比盖 [19]，那时比盖在巴黎正声名鹊起。我给他看了一些设计草图，他很喜欢。不久便邀请我为他的半季高级定制系列设计一些高级定制裙。我设计了四套，这是我正式创作的第一批高级定制裙，我在他的亲切指导下监督了全套制作流程，那些裙子多么令人难忘啊。

1937 年，我卖出的设计草图越来越多，并为珍妮的设计系列创作了数款草图。这就样，我开始有了自己设计的高级定制裙：不再仅存于纸上，而是变得生动起来。不知不觉地，我开始重新审视过去对服装的一些抽象概念。

1938 年，罗伯特·比盖邀请我当他的绘图师，我满怀热情地接受了这个期待已久的机会。似乎从首次高级定制设计系列起我就表现得还

Je suis Couturier
———
迪奥 谈 Dior

21

算不错，也因此在他的工作室中确立了自己的地位。

说实话，刚出道那阵的记忆我已经有些模糊了，好像是在第二个时尚季，我创作了个人的首款宽摆连衣裙。这些裙子从塞居尔伯爵夫人（Comtesse de Ségur）的小说里那些模范小女孩所穿的裙子中汲取了抽象的灵感：圆领、光滑、小袖口、高胸，从腰部开始的宽松剪裁，以及英国刺绣的衬裙。这款裙子很受欢迎。

正是在这个时候，我又遇到了克里斯汀·贝拉尔。他还是陪同着玛丽·路易斯·布斯凯，他告诉她我就是高级定制裙"英式咖啡"的设计者。"英式咖啡"是一款千鸟格纹和内衣饰边的高级定制裙，大胆而惊艳，使我一举成名。布斯凯女士向 Harper's Bazaar 的主编斯诺女士[20] 推荐了

20 此处指的是卡梅尔·斯诺（Carmel Snow）。——译者注

22

我。从那时起，我在曾经陌生的时尚世界中占据了一席之地。

在罗伯特·比盖工作室度过的那几年，我留下了非常美好的回忆。尽管工作室偶尔会爆发几场"宫廷阴谋"（必须承认，我亲爱的老板会带着一丝愉悦和狡黠饶有兴味地目睹这些纷争升级），但至少大家相处得和谐有礼。我在这里收获了友谊，鼓励和理解。

我只记得有过一次争执，不过那次也并不算严重。

比盖的工作室里有位迷人的俄罗斯模特，英文名字叫比利。我为她设计了一件绿色的外套，效果有点差强人意。当这位年轻姑娘在罗伯特·比盖面前宣称自己穿这件外套"丑得像只毛

23

毛虫"时，我的不自信受到了惩罚。

我心里差不多也是这么认为的。瘫在椅子上的我，不做任何辩解，盯着这件糟糕的作品，看上去很绝望。实际上我是真的非常绝望。

罗伯特·比盖几乎无法掩饰怒气，对我说："想想办法，不然就别干了！"

好吧，比利那么干是有点任性……而我被罚三天不准进工作室。

然后就到了1939年的高级定制系列展示会。那是我们的最后一个系列！实际上，大家已经心不在焉了，一切都预示着即将到来的灾难。我们的尝试变得有点生不逢时。这就是"双柄瓮状连衣裙"[21]系列，灵感源自一条倒置的裙子，它的

21 Robes amphores，因其廓形与双柄瓮古董瓶相似而得名。——译者注

24

Je suis Couturier

迪奥 谈 Dior

1939 年迪奥为罗伯特·比盖绘制的服装设计图

1940 年迪奥为吕西安·勒隆绘制的服装设计图

Je suis Couturier

迪奥 谈 Dior

27

宽度被腰带束缚着。这一款式后来被许多人以及我自己多次复制。这个偶发的设计标志着圆润髋部开始流行。

在罗伯特·比盖的工作室里，我学会了"省略"。这一点非常重要。高级定制的技术被刻意简化。我们并未对面料的纹理给予过多关注。但比盖懂得，简单中才有真正的优雅，是他教会了我这个道理。我对比盖感念良多，在我经验匮乏的青涩时期，是他给了我最初的信任。

回首 1939 年战争前夕的时尚界，我首先想到的是"夏帕瑞丽"风格和精神的胜利，这并不是我想要在此评论的，但那就是当时的时尚和优雅，那种优雅与让 - 米歇尔·弗兰克[22] 的装饰作品和广受大众青睐的超现实主义相得益彰。香奈儿仍然缝制着她美丽绝伦的高级定制晚礼裙，纯

22 Jean-Michel Franck, 1895—1941 年，法国现代主义设计师，以极简风格的室内设计而闻名。——译者注

28

23　此处指西班
牙壁画家瑟普·玛
丽亚·塞特（J.-
M. Sert，1874—
1945 年）的夫
人。——译者注

24
Mainbocher,
1891—1976 年，
第一位在巴黎开
设高级时装屋的
美国高级时装设
计师。——译者
注

25　此处指
的是时装设计
师克里斯托巴
尔·巴伦西亚
加（Cristóbal
Balenciaga），
他的同名品牌
Balenciaga 中文
译名为：巴黎世
家。——译者注

Je suis Couturier

迪奥 谈 Dior

粹的创新，和过去毫无瓜葛，却与当时人们非常喜爱的威尼斯装饰、巴洛克家具以及过度镀金的风格和洽。

关于香奈儿，我还记得有那么一次：女士们身着高级定制蕾丝裙步入舞会，其中包括可可·香奈儿本人和 J.-M. 塞特夫人 [23]。我从未见过比这更优雅的场景。

梅因布彻 [24] 的高级定制裙我也觉得非常美，但我更偏爱莫利纽克斯的设计。

创新并非凭空而来。毫无疑问，莫利纽克斯的风格对我影响最大。

1938 年，巴伦西亚加 [25] 这颗星辰终于在一片赞誉中升起，我对他的才华深感敬佩。格雷斯

29

夫人[26]，以阿历克斯（Alix）的名字开设了她的工作室，店里每件高级定制裙都是杰作。

时尚界应该感谢这两位天才设计师的创新。另外，必须提到两位我未曾有幸结识的女士，因为在我事业刚起步之时，她们的时装店就已经消失了。但我所看到的一切都让我觉得才她们是"高级时装界"品味和完美的天花板。她们就是奥古斯塔·伯纳德[27]和露易丝·布朗热[28]。

至于玛德琳·维奥内特[29]的高级定制裙，必须承认，只有当我自己成为设计师，开始关注技术时，我才开始对它们感兴趣。随着对这个行业的了解，我越来越明白这些高级定制裙的优雅和卓越。在高级定制艺术方面，从未有人能超越。

罗伯特·比盖最关心的是比例，我对"聪明

26 Madame Grès，时装设计师，原名 Alice Barton，1934年以 Alix 的名字成立了设计工作室。——译者注

27 Augusta Bernard，1886—1946 年，法国时装设计师。——译者注

28 Louise Boulanger，1878—1950 年，法国时装设计师。——译者注

29 Madeleine Vionnet，1876—1975 年，法国时装设计师，被称为"斜裁女王"。——译者注

剪裁"的担忧和研究令他发笑。我认为他的批评是不对的，因为只有技术才能让时尚产生深刻的变化。

Je suis Couturier

———

迪奥 谈 Dior

我最早的首席技工们

　　我最早的"首席技工"是在罗伯特·比盖的时装店认识的。我要感谢她们的帮助，因为她们尽了最大努力来弥补我作为初学者的无知。

　　在很多高级定制店，绘图师都被视为不受欢迎的人，然而西多夫人、安德烈夫人，还有一些我已经忘了名字的人，给了我母亲般的关爱。多亏了她们，"老板"并未察觉初出茅庐的我当时的忐忑与犹豫。

西多夫人和安德烈夫人是姐妹，二人身材丰满，个性随和。偶尔，她们的生活和平静的布尔乔亚性格会败给职场中的小挫折。只要出了一点小问题，她们就会用尖锐、绝望却又充满爱意的口吻说："老板在生我的气，老板真是不可理喻！"

也许今天，在我自己的工作室，大家也在说同样的话。

在这个追求速度与品质的行业，似乎既不允许宽容，也不容客气：你得明确坚决。偶尔惹这些女士们流泪也实属无奈！如果有更多的时间，我们可能会更耐心些。

Je suis Couturier
———
迪奥 谈 Dior

其实正是首席技工们的才华让人变得苛刻。但不得不说，她们对细节、精细制作和完美的热爱，有时会让她们忽视服装整体的平衡，这是我们必须时刻加以提醒的。技艺精湛的高级定制裙和美丽的高级定制裙是两码事。两者当然应该相辅相成，但这种结合并非易事！首席技工由于太过专注于她的工作，经常执着于细节，而设计师只能着眼全局。除了首席技工的世界，我还要面对沙龙、运输和销售环节的所有员工，我必须在他们中间谨慎行事，尽量避免冒犯。

工坊主管妮可小姐，严格却又面带微笑，她不动声色地统领着这个小世界，而另一位工坊主管罗杰先生，尽管不怎么受其所管理女士们的待见，却始终以平静、公正、不留情面的态度监督着一切。

特鲁安夫人，绰号波比。无论是"老板"的喜怒阴晴，还是宠物斗牛犬亲热的舔舐，或是工作中的希望、失望和赞美，我俩都共同承担，各分一半。总的来说，这里的气氛很友善，对于热爱这份工作并勤奋学习的职人而言，更是激动人心。

说回我的职业生涯：经历了 1939 年的战争动员，休战协议后我在普罗旺斯待了很长一段时间，不得不放慢脚步。两年间，我像大家一样回归土地，日出而作日落而息，在卡里昂打理自己的花园。

但我仍然继续画设计草图，在詹姆斯·德·科盖[30] 的帮助下，这些草图得以发表在《费加罗报》的里昂版面上。

Je suis Couturier

————

迪奥 谈 Dior

第
一
章

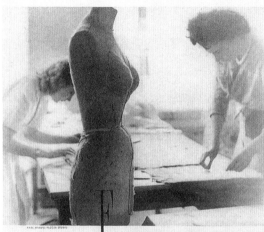

Christian Dior 工作室，巴黎，1947 年，
出自 *Harper's Bazzar*，1947 年 11 月刊

Christian Dior 的裙装工坊（Atelier Flou）的首席技工和小手们，约 1949 年

Je suis Couturier

———

迪奥 谈 Dior

套装工作室 (Atelier Tailleur)，
皮尔·卡丹与 Deo 在一起团队工作

我终究还是回到了巴黎，吕西安·勒隆邀请我作为绘图师加入他的团队。

如果说罗伯特·比盖展现了非凡的优雅精神，那吕西安·勒隆则代表着一种传统。

勒隆并不直接创作，而是通过他的绘图师们来实现。然而，在他的设计师生涯中，他的作品始终保持着某种他独有的风格，这种风格十分契合他的性格。

在吕西安·勒隆的工作室，我逐渐熟悉了这一行，认识到一项原则的重要性，它也是高级定制的根本原则——对面料的敏感。用同样的想法和同样的布料，一条高级定制裙有可能成功，也有可能完全"失败"，这取决于你是否能引导面料的自然走向，必须始终遵循这一点。

41

在吕西安·勒隆的工作室，我完善了技艺，接触了一些优秀的首席技工，这使我更清晰地认识到执行过程的严格要求，并努力尽我所能满足这些要求。

创作和执行。想要做出有价值的作品，两个条件缺一不可。

在这个员工众多、场所宽敞的大公司，我和皮埃尔·巴尔曼 [31] 共同负责创作。由于他迷人的个性，加上我本人的性格也不错，成就了高级定制界两个绘图师完美合作的唯一典范。

时尚不就是首先源于竞争，甚至对抗吗？我们设法避免了阴谋和嫉妒，最关心的还是每一季新系列的成功。

31 Pierre Balmain，1914—1982 年，法国时装设计师。——译者注

42

但巴尔曼的眼光更长远。他已经开始梦想创立以自己名字命名的品牌了。他也鼓励我创业。他经常对我说:"克里斯汀·迪奥,多好听的高级定制设计师的名字!"他大笑着继续说,"咱俩面对面开店,我会故意在橱窗里展示一些宽摆裙,让你误以为我只会设计一些窄裙……"

　　而我,害怕承担商业风险(新设计的风险就够我应付的了),打算在勒隆待一辈子。

　　巴黎解放了。

　　巴尔曼的新店即将开张,我们都知道他会大获成功。

　　从那时起,我在勒隆的工作变得越来越艰难。我和吕西安·勒隆友情深厚,我们的合作一度也非常顺利。无疑，随着对工作的深入了解，我所掌握的技术令我愈加难以接受一个和我性格迥异的人。这种情况是极有可能发生的。我想表达的是：一个高级定制系列的创作需要两个月，而时尚是短命的，而且理应如此。此刻抽出部分精力来解释和分享自己的感受是非常困难的，即便这个人是自己的朋友。我们必须迅速行动。于是，从一个高级定制系列到另一个，我感觉越来越束手束脚，我需要自由。一次偶然的机会，我结识了布萨克先生[32]，一连串的因缘际会让我最终决定开启一个以自己名字命名的事业。然而，我不得不遗憾地离开这间始终给予我信任与友情的公司。接下来的事情你们都知道了。

所以，我们现在就到了"克里斯汀·迪奥"（Christian Dior）这个品牌的起点。

32　此处指马塞尔·布萨克（Marcel Boussac，1889—1980 年），法国纺织业巨头。——译者注关于我的品牌，我能告诉你们什么呢？

如何谈论当下以及我们正在经历的事情？

它的确是我全部的生活。

然而，我可以坦言，在第一个高级定制系列"新风貌"（New Look）发布会的前夜，如果有人问我做了什么，以及对此有何期待，我肯定不会说这是一场革命。我无法预测它的命运，因为我几乎没有想象过，只是尽力去创造出最好的作品。

Je suis Couturier

————

**迪奥 谈 Dior**

45

第
二
章

pris. - Tissu Robert Perrin

Christian Dior. - Tissu Flachard

高级定制系列是如何构思、创造、产生的？

按一般工作流程来说，我们首先要谈的是对面料的选择。事实上，这个选择在时装秀开始前的两个月左右就已做出了。就像树木萌芽或初霜降临，让人意识到季节的更迭。

在你开始思考新的高级定制系列之前，你就必须做出这个选择。

所以，这是第一步。

一年前，在里昂幽暗的手工作坊，在北方，瑞士、米兰甚至是苏格兰的偏远地区，制造商们就已经开始忙碌了。他们寻找、设计、准备样品，然后向我们展示。他们首先将这些样品提供给巴黎的高级时装店，因为高级时装店的决定将左右世界其他地方的选择。

对制造商来说，巴黎高级定制界的选择只占他们业务量的一小部分，却极为重要，因为这一选择具有决定意义。除了与之相关的声望外，还将指导他们的生产，并将其推广到全世界。

在面料集中展示之前，高级定制设计师和制造商之间是否有过交流？这一点很重要吗？

51

高级定制设计师可能建议过寻找这样或那样的"材质"。他可能要求制作这样或那样的新面料，这样或那样的重量，这样或那样的色调。他也可能提议一些主题，将绘图员导向新的创作思路。设计师鼓励研究新的颜色，开发新的技术。

他还需要找到一个热爱研究、坚韧、一丝不苟、充满活力的对手。比如说，有一次在瑞士旅行时，我对布罗辛·德梅里夫人[33]说："我特别希望你能做出一种像这些屋顶一样的面料！"（我指的是圣加仑的瓦片屋顶）。三个月后，她带来了一款美丽的刺绣奥尔甘纱，里面融入了那些我钟爱极了的屋顶。还有一次，我们一起回忆起春天昆虫飞舞，闪闪发光的甲壳，五彩斑斓的颜色，这些变色面料的灵感源自蝴蝶的翅膀，其材质和印花只有勇敢地历经努力、失误、困扰、失落和希望的交织才能获得。

33 此处指安德烈·布罗辛·德梅里 (Andrée Brossin de Méré，1915—1987 年)，法国织品设计师。——译者注这类合作是有限的。大多数面料来自技术人员的创新思维，他们能够预见或激发我们的欲望。面料是我们梦想的唯一载体，也是新创意的催化剂。面料也可能是我们灵感的起点。许多高级定制裙的设计灵感只源于面料本身。

因此，每年的五月和十一月，设计室里都会堆满行李箱。面料销售员当着总监的面，从箱子中变出千百种奇妙的面料，它们将出现在下一季时尚中。面料销售员就像神奇的魔术师，瞬间在你面前展开他们的面料样片，这是一场精心安排的色彩秀，如烟花般绚烂，每个色调都与相邻色调相映成辉。

在这场烟花表演中，我们不知不觉开始注意到某些特定的颜色。只有当选择结束了，我们才会意识到有一些主导的颜色。这些将成为"时尚

53

色"。

就这样，一个新的高级定制系列的氛围形成了。

我们已然陷身于一片美丽的面料海洋，这些争奇斗艳的面料让人迫切地想要使用它们。这时候需要懂得抵制诱惑，有些面料因为过于美丽反而不堪一用。接下来，我们开始筛选、取舍，想象高级定制裙最初的模样。

季节为自然界设定了节奏，新的高级定制裙也应该像苹果花一样自然绽放。

A.C. 和 E.R. [34]：但是，与自然界不同的是，当我们还在春季，您就必须开始思考冬季的设计；当我们刚入冬，您又开始思考夏季的设计。

34 A.C. 指艾丽丝·夏凡（Alice Chavane）时尚编辑，E.R. 指埃利·雷堡汀（Elie Rabourdin）。他们是本书法文版的编辑。——译者注

Staron 的 Aléoutienne 面料花色样本，no.21.300

Je suis Couturier

———

迪奥 谈 Dior

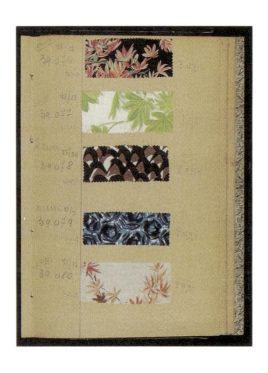

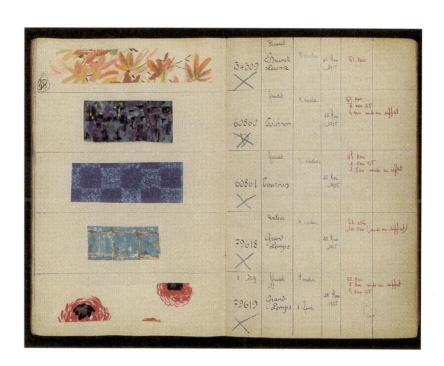

Je suis Couturier

———

迪奥 谈 Dior

左页图是 Staron 的面料图样，各种实验性竹叶图案
印在不同纹理的织物上，上图是图样印刷登记信息

Staron 公司的笔记本记录了 Christian Dior 使用的竹叶印花面料。Staron 公司一直对巴黎高级定制的面料使用情况进行记录和存样，从而帮助服装公司理解它们的品位和规划下一季产品

Je suis Couturier

———

迪奥 谈 Dior

Staron 记录 1957 春夏高级定制系列的笔记本，图片展示的页面是 Christian Dior 的面料使用情况．

这是否让您感到困扰？

克里斯汀·迪奥：这对我们来说再自然不过了。

而且说到底，时尚源于梦想，而梦想是一种逃避。

在炎炎夏日想象冬天清晨的清爽，这是多么美妙的事啊！当树叶纷纷落下时，你又怎能不因春日花园的重现感到欣喜！

A.C. 和 E.R.：我想打断一下。有人说，主要的高级定制设计师们，也就是那些引领潮流的人，此时会聚在一起决定下一季的时尚走向。

克里斯汀·迪奥：你们真的相信这种说法

吗？这话只有疯子才信，他们对高级定制行业的本质和源起一无所知。

一群个性截然不同、工作方法迥异的人，遵循统一规则，还提前很久做出决定，这怎么可能呢？这么做就否认了时尚和高级定制的本质。在一个创意匮乏、一切都预设好的环境里，会产生新的设计吗？这是不可能的。

你们应该很清楚我们的工作多么神秘。没有神秘感就没有新鲜感。新鲜感是时尚的本质。一旦提前披露，最新设计就不复存在，也失去了它的吸引力。别忘了还有抄袭，被抄袭的事还少么？

我们要时刻提防那些泄密者，抄袭对我们造成了巨大的损害，必须极力避免。因为一个高级定制品牌不仅仅靠创意，更重要的是商业。它需

Je suis Couturier
———
迪奥 谈 Dior

**61**

要运转并且带来收益。在所有的华丽背后，是数字在说话，在评判。这个话题我稍后还会谈及。

让我们先回到时尚这个话题。

A.C. 和 E.R.：时尚是如何产生的，又由谁来激发灵感？

克里斯汀·迪奥：灵感……有些人通过旅行，有些人选择闭门造车，还有些人通过各种面料试验……

A.C. 和 E.R.：每一季都有时尚精神吗？

克里斯汀·迪奥：事实上，这种精神是由大众缔造的。它由多个元素构成。第一个元素是时代气息，第二个是逻辑，第三个是偶然性，第四

62

个是杂志的选择。

　　每个时尚季和高级定制系列都会涌现出大量新设计，我们最终只能记住和思考那些成功的设计，这些设计因此代表了时尚。有多少次，我们因为自己在意的设计被忽视而感到失望！只是因为属于那款设计的时机尚未到来。

　　这些被忽视的设计常常在一两季之后再次现身。这回它们莫名其妙地显得格外迷人、"吸睛"，并真正"火"起来。

　　简而言之，高级定制设计师提出建议，是否接受由女性们决定，通常借助杂志的推波助澜。杂志们每一季都会挑选出一些款式。这些"被选中"的款式会被复制并作为范例展示给大众。有趣的是，被各种杂志选作插图的款式几乎总是一样的。

其中某些款式仅限于几个品牌，它们带来新的风尚。通常这些款式会被全行业重新制作、修改、夸张、放大、扭曲，在下一季变成大众时尚。被选中的（风尚）主题有时可能只是腰围的比例、扣子的位置、围巾的佩戴方式、领口的剪裁、裙身的形状。这就足以构成一个高级定制系列的时尚风向标了，顾客从中做出自己的选择。有些款式一骑绝尘，它们就是成功的高级定制裙。对设计师来说，它们是弥足珍贵的参考。

这些高级定制裙可能会引爆下一季的高级定制系列，除非它们的成功反而成了阻碍。看到这些裙子如此频繁地被复制，我们最后甚至无法接受它们的设计原则，这会促使我们在下一季的设计中进行反向探索。香奈儿说过，抄袭是成功的代价，但如果某个设计被过度抄袭，那么无论多么成功的款式我们都会失去兴趣。

当时尚风潮传遍街头巷尾，成了大众流行时，它就过时了。

时代风尚是一种基本无法衡量的元素，但也非常重要。一件作品的成功，一次舞会的辉煌，一位女性的优雅风度，一桩政治事件，一个展览，一位国王的访问，对敏于观察的人来说，这些都可以加以解释并用来预测某种流行趋势。

但是，谢天谢地，毕竟设计师们的个性都不一样，他们可能会从同一元素中得出截然不同的结论。

还有一些无法预测的偶然因素会在高级定制

系列的创作过程中出现，例如：

一条被翻转的裙子；

一次失误的剪刀动作；

一次偶然的裙摆设计……

意料之外的、无意的、有时甚至天意般的巧合，这些都是创作者必须懂得即刻把握和利用的。

所以，当你们知道一个流行趋势是由如此多样化的因素构成时，怎么可能相信我们会提前三个月静静地聚在一起决定时尚的未来呢？

相信我，我们（我指的是那些有资格被称作高级定制设计师的人）都在努力推出与众不同的作品，创造下一季独家专属的时尚，并加以推广。

我们这么做是必要的。

我说的当然不是那些钻手工坊漏洞的无耻行为，或者懒到搬用或借鉴上一季别人创作的人。

总的来说，我们不能否认，高级定制的某种逻辑解释了新时尚的某些神秘之处。

A.C. 和 E.R. : 所以，每年两次，巴黎的时尚成了全世界的时尚。

克里斯汀·迪奥: 但在此之前，我们付出了多大的努力，经历了多少怀疑、喜悦与悲伤!

Je suis Couturier

———

迪奥 谈 Dior

……

67

我会试着解释一下，选好了布料之后，我们是如何制作高级定制系列的。

当然我只能聊聊我的个人经验。

制作高级定制系列的方式不一而论，每个设计师都有自己的方式。

令人惊奇的是，在这个行业中，达成目标的方法成千上万，只有凭借自身经验，我们才能摸索出自己的工作方法。对我而言，只有在平静和休息中我才能开始工作。

一次短暂的旅行能让我换一种心情，也能帮我与上一季做个了断。我会找个安静的地方，如果有可能，这个地方最好平平无奇甚至有些无聊。然后我就可以随心所欲地懒散度日，忘了巴黎，忘了服装店，忘了所有的忙碌。

在床上，在浴缸里（泡很长时间），散步时，无需冥思苦想，就能自然而且毫不勉强地找到答案。不做事的时候，灵感会自然涌现。

在这些所谓的度假期间，我的口袋里塞满了小本子，也会在餐巾上，还有餐厅的账单上做笔记，涂涂写写，手里攥着很多支铅笔，还有铅笔刀和橡皮擦（我不会用钢笔，尤其是"圆珠笔"）。晚上醒来接着涂鸦，然后又睡过去，梦到的全是各种高级定制裙。一点点地，我开始憧憬一个轮廓，一开始它很模糊。我不会纠结它是否与前一个系列有关，全凭喜好，想画什么就画什么！随心所欲才是唯一重要的。

一张张草图，一点点深入，模糊的轮廓逐渐

变得清晰。一版又一版画下来，新的想法就此诞生。更不用说那些图画中的美妙巧合会让你在涂鸦时灵光乍现。你得知道如何加以利用。这可能并非巧合，而是你警觉的神经捕捉到了最微小的建议。我曾经在雷内·格吕奥[35]或卡尔·埃里克森[36]为我设计的高级定制裙所作的画中发现新的元素。他们强调了某个我之前没怎么在意的细节。

我们先想出一块能激发整体造型的布料。想象某个我们认识或倾慕的女人，在某次舞会，或在她的宅邸，在丽兹饭店或马克西姆餐厅，在巴黎、纽约、威尼斯……

我们看到她，穿着一条专门为她设计的裙子，完美契合她的风格，这样，我们就从梦境进入了现实。高级定制系列成熟了。

35 René Gruau, 1909—2004 年，法国画家，20 世纪最具影响力的插画大师之一。——译者注

36 Carl Erickson, 1891—1958 年，时尚插画家，广告艺术家。——译者注

搁置几天之后，我对所有涂鸦做一次全面复查。这时必须心明眼亮！要清理掉重复内容和往期系列的记忆碎片。余下的自然就是新的主题，最喜爱的想法：全新的设计。

　　一个高级定制系列应该用相对有限的想法来实现！最多十个。你必须懂得如何加以变化、深耕、坚持、强化。整个设计系列都建构在这十个想法上。

　　就这样，我用三到四天完成设计草图，但这次它们是经过深思熟虑的。预设了面料，从套装到晚礼服，所有类型的着装均有涉猎。高级定制系列必须既全面又均衡。

　　A.C. 和 E.R. : 从这一时刻开始，设计草图只是起点，就像建筑师的"蓝图"，画家的草稿。

71

克里斯汀·迪奥：实际上，它只是一个基础。我以此为依托开始起步。这是想法的第一次物化，但它并不足以推动进一步的造型。

现在需要做的是完成高级定制系列。这个部分就轮到手工坊出场了。

我的三位亲密伙伴在这里起着重要作用：布里卡夫人、玛格丽特夫人和雷蒙德夫人。历经各种时尚浪潮的布里卡夫人始终坚守独树一帜的风格，个性彰显，无可模仿（当心东施效颦）。她是顶奢高级定制传统的继承者，只专注一种生活方式，追求极致，从不妥协。她不关心所处的时代是否无趣，也不在乎环境因素。她的情绪、夸张、缺点、出场、迟到、态度、说话、着装、珠宝，甚至她的存在，全都为设计师带来绝对的优雅气息，在人人都觉得差不多还可以的时候……

只要她在，情况就会不一样。另外，她专门负责帽子部门，在那里，布里卡夫人敏锐的时尚触觉能得到完美展现。

玛格丽特夫人负责将设计方案传达给手工坊，她的神奇之手将我的想法变成高级定制裙。她是当之无愧的"时尚女士"。玛格丽特夫人与她的工作融为一体，充满热情，温柔，狂热，矛盾……她本人就是行业良知的代名词。可以说，她做高级定制裙就像做爱。谢天谢地，她也无意理会时下的艰难。对她来说，高级定制是需要全身心投入地工作，必须拥有绝对权力。

雷蒙德夫人的品味坚定，蓝眼睛里有一丝鼓励的意味，沉着得像个魔术师，心静如水，接过我的烦恼，默默打点一切，夜以继日地打造我所需的平静。她真是我的守护天使。

我们四人聚在一堆设计图纸前开会，一起判断、权衡、检查、听取意见，重新审视。玛格丽特夫人选中了这个，布里卡夫人选了那个，雷蒙德夫人调和各种观点。我关注方方面面的反应，以此确认自己的观点，最终确定约六十个草图样版，它们是十个主题的变体，共同构成了这一高级定制系列。像音乐家创作交响曲时一样，主题数量是有意减少的。只有紧贴主题，才能表达并推广某个时尚主张。

工作到此告一段落。还有一条漫长的路要走。道路蜿蜒，遍布陷阱，还要警惕那些迷人的小径。

接下来必须解决执行问题。寻找解决方案的过程将带来千百种的快乐、失望或惊喜，不断逼着我们边做边拆，想象、反思、修改，有时也要放弃。

　　玛格丽特夫人负责把草图发放给手工坊的主管。分配原则是根据每个人的专业和喜好。我们知道女工奥古斯塔严谨精确，喜欢并且擅长制作精巧的裙子，蕾欧娜在布料的海洋中从不迷路，总能找到想要的，简妮是百褶裙女王，朱莉安擅长褶皱波浪，莎尔瓦多在经典套装方面无人能敌，而安东妮奥则更青睐休闲套装。

　　感受最强的是我们往往做得最好。我不能把整个工作室的每个细节一一道尽，一想到每个工坊都仿佛一位有独特个性的真正艺术家，我的心情都特别激动，没有它们，我根本无法完成给自己定下的任务。而这个任务是何等的艰巨！

　　搞定一场由 175 组裙装构成的高级定制系

列，意味着要展示175套高级定制裙，以及附带的大衣或外套。因此，需要做出大约220套样衣。再加上几乎相同数量的帽子，更不必提为此特别设计的手套、鞋子、珠宝和手提包了。

此外，还要考虑新的发型，因为发型可以支撑帽子，或低调地隐藏在帽子下面。它优化了头型和脸型。它能改善比例，因而必须与我们理想的形象相契合。

所有这些都必须在六到七周内创造、执行、完成并终结。

时间按天和小时论，节奏越来越快，快到无法控制。

一分钟都不能浪费。草图被交付给那些将使

它们变成现实并赋予生命的人。这种权力的交接伴随着对面料和裁剪意图的详细解释，还需要讨论高级定制裙的"穿着"和使用方式，以及潜在客户和适用人群。

首席技工必须充分理解高级定制系列的整体精神内核，每套高级定制裙想要展现什么，它的个性和形式又是什么。

有时我会感到难以应付。例如，去年一月，我在想：我们既在1947年又不在1947年。我的高级定制系列是伴着战争的嘈杂声和核备战创作出来的，我希望这个系列是平静的，而不是疯狂的。我画了一套薄纱晚礼服的草图，把它交给了精通盛大礼服的首席技工。这个设计在她看来太过简朴了。习惯大肆挥霍薄纱的她，每一天都给我带来能铺满整个工作室的布样。每一天，我都会在她的眼泪中狠心下剪，直到某天早上，那套高级定制裙的裙展终于确定了下来。

有时也需要让人们理解一套高级定制裙应该表达的诗意。这些都很关键，因为必须让首席技工参与进来。我相信，除了精工制作所赋予的意义之外，高级定制裙必须拥有灵魂，必须有所表达。

A.C. 和 E.R.：这难道不是时尚界之外的人士以欣赏演出般的兴致看您的发布会的原因吗？

那些晚礼服以瓦格纳、德彪西、理查·施特劳斯、亨利·索格、普朗克、G. 奥里克[37]等人的名字命名……在您和观众的心中，这些名字肯定与他们作品遥相呼应。

37　G.Auric，1899—1983 年，法国作曲家。——译者注

迪奥和裙装工坊的首席技工为模特蕾妮试衣

Je suis Couturier

———

迪奥 谈 Dior

Je suis Couturier

迪奥 谈 Dior

P80—82 图是高级定制礼服 Saadi 的设计圈、选材记录、实际穿着效果

Je suis Couturier

———

迪奥 谈 Dior

Je suis Couturier

迪奥 谈 Dior

P83—85 图是高级定制礼服 Pondichéry 的设计图
（外套和长裙）、选材记录、实际穿着效果

这是艺术作品给您加持的一个例子。

克里斯汀·迪奥：事实上，它们并未在某个设计中实际帮助到我，但是它们回应了我，给了我信心。我喜欢听到它们在我心里延续着。

毫无疑问，任何手工创作都在做某种表达，首先是创造者的个性。高级定制裙也是如此。但由于参与这项工作的人数众多，真正的技艺在于让所有参与了剪裁、拼接、试穿，缝制和收边的手都表达出了自己的感觉和意愿。在这个品味至上的行业中，我们必须时刻关注每一个人的个性。每一条缝合线中，缝纫女工都投入了自己的巧思。首席技工会说"我的裙子"。接着，她的助手也会说"我的裙子"，我也会说是我的裙子，直到有一天，面对一位客户时，它变成了"您的裙子"。然后，这条高级定制裙就离开了我们的店，开始了它的一生。在机械化时代，高级定制业是人性、个性和不可复制性的最后避风港。

在收到指示和草图后，首席技工在助手们的帮助下，理解和感受这些指示和草图，然后将它们分发并解释给女工们，同时考虑她们的偏好和工作习惯。

现在是执行阶段。在这里，惊喜失望轮番上演，悲剧喜剧此起彼伏。在得到满意的成果之前要经历多少曲折，多少考验！

首席技工裁剪布料，在木偶模特上试穿，粗缝，做出高级定制裙的雏形。她尽心尽责，努力做到最好。然后她会把这个雏形带到工作室展示。

Je suis Couturier

———

迪奥 谈 Dior

接下来不是开心就是失落。

一件完整的作品展现在我面前，包括线条、形状、阴影和光线。有一些高级定制裙，大家一看就立即说："我太喜欢了，太爱了，太迷人了！至少在这个系列里有一条好看的裙子，怎样都值了……"

另一类高级定制裙，人们会说："好丑，像块抹布，简直没眼看！赶紧扔进炉子里！"

还有第三类，它们蕴含着某些可能性。我们花时间上下打量，寻找……突然，我们扯掉某个部分，反转，倒置。短裙变成袖子，上衣打结变成围巾。我们剪短长大衣，把它变成短夹克。就像每一个经过变形的东西，它的生命中曾有过瞬间的犹豫。一经采纳，它便在高级定制系列中找到新的定位。

在工作室里，模特走来走去，炫耀、扭动，努力展示新诞生的设计。我们会从这件样衣衣身上撕下一条不讨喜的袖子。椅子上有条被遗弃的袖子，是另一种布料质地。我们会拿它取代被撕下的那个。接着我们尝试另一种领口。缩短，延长，添加，修剪。

这叫"制造效果"。

激动的氛围逐渐高涨，所有人都沉浸其中，各种布料被源源不断地送过来：圆形的、平面的、长条的、短粗的。有些被采用，有些被拒绝，有些又被重新采用，被展开，被放弃。

有人建议用海军蓝，有人建议用灰色。

我们询问首席技工的意见，她犹豫着，顶着

压力提出一个颜色方案。尽管如此，我们还要询问模特的意见，接下来是学徒。突然间，所有人都达成一致说："这件裙子用黑色小羊毛会非常美丽。"

为我所要求的十件、十五件，甚至二十件款式选出那个完美面料，这可不是小事！要在同色的多个色调中确定正确的色调，色调比例和色彩协调非常重要。需要触摸、掂量、轻抚布料，了解它是否能按照我们的想法塑形，分析其反应，看其纵向、横向和斜向的效果，考虑面料的重量，耐受温度，防止变形，如需与其他面料组合，就要将其与辅助面料进行比较，看它们能否彼此衬托，颜色是否相配。黑色、海军蓝、灰色或米色的数量多到无法想象。

将两种蓝色或灰色相匹配有时会让人从数十

件选项中挑来选去难以抉择，甚至在所提供的极为宽泛的选择中，依然找不到想要的搭配。这便需要"重新配搭"。为此，负责重新配搭的人必须穿越整个巴黎广场，跑遍二三十家店铺，从最著名到最普通的店铺中寻找那个一眼看上去很普通的深蓝色。在充斥着叫嚷、手势，纷纷扰扰的喧嚣中，眼睛必须保持敏锐清晰，能立即捕捉到最新最细微的皱褶，发现那块半掩半藏的布料，它能使样衣更加丰满，放下那块正要带走的。并且与另一块一起，找回那个将引发更多灵感的皱褶。

样衣终于定下来了。有时，一件优秀的样衣可以拓展出五六个新设计。也就是说，我们会根据同一设计理念，去创造日装裙、晚礼裙、晨裙或午后裙。

Je suis Couturier

———

迪奥 谈 Dior

雷蒙德女士打开她的大笔记本，标上设计编号，并配以速写。自此，这条高级定制裙正式成为系列的一部分。

我们开始选择适合展示它的模特。模特的个性决定了服装的分配。

在一个大黑板上，列出了"化妆间"里所有模特的名字。我们知道克拉拉适合晚礼裙，伊琳娜适合 A 字裙，克劳德穿上青春舒展的高级定制裙最美。当然，我们也有明星模特，她们会优先试穿新款，我们喜欢看她们穿上那些大受欢迎、预计会热卖的款式。长久以来，我最爱的模特是古灵精怪又迷人的索尼娅，她总是活力满满，有点爱抱怨，但她的表现力实在太棒了！在首轮试穿中，她就能深深吸引住观众的眼球。当然，为了保持展示过程的连贯性，我们必须让每个模特都试穿数量大致相同的高级定制裙（包括晚礼裙、晨裙和午后礼服裙）。这样，每位模特大约试穿18 到 20 套不同的款式。

一番设想、讨论、推敲之后，我们通常让想法沉淀一整晚，以便有更多的时间去思考。

最后，我们一致认为朱莉娅是最能完美展现91 号设计的模特。

按照巴黎高级定制业古老而迷人的传统，款式摒弃了匿名化的数字，被命名为"小情人""小甜心"或者"萨达那帕拉国王"。可以是一种主题，一种环境，一次突发事件，一种迷信，甚至是这套高级定制裙所唤起的情感，任何事都可以成为命名它的理由，一旦有了名字，无论它多么朴素，都不会被遗忘。在每一间高级定制时装屋，人们都喜欢回忆那些非常受欢迎的款式，比如"情人"，或者三季前大受欢迎的套装"凡夫俗子"。就像对过去的明星，纵使时光流逝，热爱不减。

如同在学校的黑板上一样，一旦某款设计在黑板上正式登记，它就成了整个系列的一部分！随着黑板上内容逐渐完整，我们会不断查看、调整，最终，扩充也是无可避免的。

在开始高级定制系列设计之前，我们会设定一个理想框架：十套套装，二十件都市套裙，二十件午后礼服裙，十套正装套装、鸡尾酒裙、舞会裙。所有的服装都经过了分类、计量，构成了一个理想的系列，这一系列能满足所有女性的需求。我们会设定明亮色彩服装的数量，印花服装的数量，丝绸或羊毛面料的服装数量。我们会

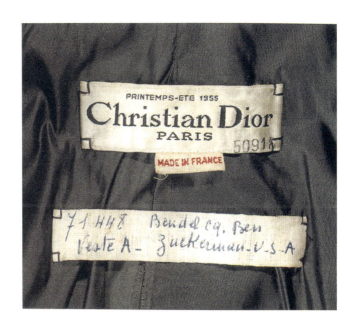

PRINTEMPS-ETE 1955
Christian Dior
PARIS
50918
MADE IN FRANCE

71.448 Bendel Cq. Ben
Veste A. Zuckerman. U.S.A

Je suis Couturier

———

迪奥 谈 Dior

预估黑色、海军蓝、花色和纯色服装的数量。遗憾的是，这个美好的计划总是不断被质疑。对于一个主要依赖于灵感、发现和奇思妙想的创作，要掌控和引导它是非常困难的。我们必须不断调整，制定规则，抵制新面料、新晚礼服的诱惑。如果工作室里的设计师们都是仙女，那么数字必须成为定制服装店的主宰，这样做才对。一个缺乏规划的高级定制系列只会陷入混乱，失去与现实的联系。

A.C. 和 E.R.：所以您对过度的自由有所保留？

克里斯汀·迪奥：的确，我害怕无政府状态和波希米亚风格，这些通常都没有意义。如果画家冒的风险不过就是浪费画布和少吃一顿牛排，那么我在设计一款"离经叛道"的系列时，冒的风险是让 900 人失去生计，我不可能喜欢这样的系列，因为它是虚假的。我太热爱真实了。那种仅凭个人喜好，把数公里的布料扭曲、撕裂的设计师形象纯属传说，也许在更好的时期曾出现过。

不，这样也太简单了，而且也过于奢侈。我对过于简单的事情保持怀疑。理想的规则为诗人设限，实际的需求为建筑师设限，但并不会阻碍他们的灵感。相反，它们引导着灵感，避免了涣散。

A.C. 和 E.R.：那为什么这些系列会给人一种自由、丰富，有时甚至过于丰富的印象？

克里斯汀·迪奥：那是因为为了保持系列的完整性，我们制作的款式永远超出原计划。的确，系列中的款式过多，但必须接受现实：我们要协调销售需求与设计灵感；为了回应面料制造商和刺绣工人的付出，我们有责任展示他们每一季为我们带来的精美作品。

总店需要支持，新店需要鼓励，刺绣工人的样品件件美不胜收，我们无法弃之不用。还有那些蕾丝、织锦和印花。所有这些背后，都是艺术家、工匠、行业和城市的期待。因此，任何有价值的努力都配得上一件样衣。如果我们对某季某块面料或某片刺绣感觉一般，仍应给它一个机会。明天我们就可能会喜欢今天嫌弃的东西！

之前说到我已经把选中的面料交给了首席技工们，现在回到这个环节。

一旦确定了样衣模型，我们就会开始裁剪。悲剧无可避免。第一次试衣几乎总会令人失望。衣坯只是一个精确细致的草图。第一次试衣对高级定制裙来说就像毛毛虫之于蝴蝶。材料、面料的质感、裁剪、缝线全都在指挥着，建议着，强求着。这是与现实的斗争，必须不遗余力地赢取胜利，我们得从大理石块中雕刻出雕像。

从此刻开始，赞美、情绪的波动、泪水、亲吻、愤怒、羞辱与和解将会接踵而来。那些被亲热地叫作"亲爱的"或"小狮子"的首席技工，古典戏剧般地，突然荣获"夫人"的尊称。以一句"出去，夫人，您应该感到羞愧！"来结束这场裙界悲剧。

必须承认，有时候是面料的问题。它们太固执，难以驾驭。满载希望的面料变成了一条令人失望的裙子。我们必须重新裁剪，或者另寻良策。

有时候，我们也会一试之下就感觉"成了！"

99

但这种情况很少见。外行人无法想象，创造最简单的东西，尤其是新的东西有多么困难。当着我的面，人们改来改去，拆了重做，更不用说已经在手工作坊里反复拆过十次了。我们必须重新思考，再次改进，延长，改变某个细节，甚至不惜全部推倒重来。第一次试衣结束后，定下第一批模板，剩下的系列设计就更容易进行些。我们心里更有底，可以整合利用已有数据处理面料。但是，多少突发状况、延误和意外让我们不得不修改那些看起来已经完成了的设计！这真的就像佩内洛普（Penelope）的工作一样。

尽管如此，我们继续向前，自我安慰说已经有足够多的高级定制裙可以"彩排"了。这是首次"走秀"，模特试穿那些原则上令人满意的裙子……这一次，看法又变了。

在沙龙里，一切都变了样：这里需加强，那里需减弱，增加一个口袋，去掉一个褶皱。总的来说，要简化，还要突出那些媒体所谓的"线条"效果。

A.C. 和 E.R.：当然，"线条"这个词是由高级定制设计师命名的……

克里斯汀·迪奥：正如你们所知，新闻媒体在发布会开始前半个月就追问我们……（有时候连我们自己都还不知道答案）。我们尽量给出不给自己惹麻烦的答复。

A.C. 和 E.R.：有时候，您会像在 1951 年春季发布会时一样对媒体进行误导。您对一个好奇过头的记者说：女人们会把她们的大腿扛在肩膀上！……没人怀疑您其实指的是"鸡腿袖"。

克里斯汀·迪奥：还是用一个笑话来应对最好！

经过一次又一次的彩排，系列设计开始成型，但通常都在最后十天才会定型。我们会添加一些必要的款式，以及几抹特色。

我们突然发现，小连衣裙太少了，缺少一些适合杂志的亮眼设计，即"特拉法加"[38]。需要再加一条红色的裙子。我们回看了上一季的设计图，"小天使"的设计非常成功，但今年没有类似设计，需要再找一个。我们突然想到 X 女士所代表的客户们的需求没有被满足，在不做任何牺牲和让步的前提下，我们努力让所有女性都能找到合适的高级定制裙：苗条的、丰满的、年轻的、成熟的、简单的、奢华的、严肃的和轻浮的。

38 Trafalgar，指 1805 年的"特拉法加海战"，是风帆战舰史上一场漂亮的以少胜多的歼灭战，也是 19 世纪规模最大的一次海战。——译者注

102

高级定制刺绣裙都备齐了吗？它们还没有送到！我们催促刺绣工人，让他们三天内完成三周的工作。

Je suis Couturier

迪奥 谈 Dior

第二章

Christian Dior

P103—105 图是高级定制晚礼服裙 Avril 的刺绣与
工艺细节，1955 春夏系列

一个学徒跑来报告："雷蒙德夫人，'施莱姆大师'套装的纽扣还没确定。"然后我们匆忙从一个有十个抽屉的柜子里翻出一千颗纽扣，挑出唯一合适的那一颗。

现在该轮到"金奖"裙了。需要为它挑一条腰带。"杜绝古怪新奇！要经典，但是哪一款呢？有一百五十种选择！"……"雷蒙德夫人，我们用在'谴责'上的那款就很适合。"雷蒙德夫人提议使用山羊皮、漆皮、牛皮、俄罗斯皮革……"我需要的是海豹皮，而且是这种海军蓝色。"雷蒙德夫人会找到这款海军蓝的海豹皮腰带。

接下来资深首席技工安娜推开门："先生，我有一个问题，'罗斯蒙德'的后续款式不符合要求。"（这句话在每个高级定制系列都能听到。）这意味着在同一种布料的两片之间可能存在着微小的染色或编织差异，门外汉对此可能无感，但我们不能接受。必须把整条裙子重新剪裁在第二块布料上！尖叫声，哭泣声，疲惫的模特发着脾气……我努力保持冷静……

花卉供应商还没有将花送达。"快去叫花商玛德莲来！"她来了，被责备得哑口无言，表情尴尬，难听的话听了一大堆。优雅如她，在这行做了 50 年，什么风雨没见识过，她知道最后送来的花将平息一切怒火，知道大家其实是喜欢她的。她的恐惧和我们的愤怒，都是假装的。（但原则就是原则，必须坚守！）

一名助理气喘吁吁地出现："雷蒙德夫人，阿奈特夫人的裙子缺一段面料。"我们打电话给布料供应商布里维："我们需要 150 米的翡翠绿色薄纱。"布里维回答，"没现货了，没关系，12

107

小时内能染好。"

一个胡子拉碴的推销员在门口探头探脑，此时莉莉安正半身赤裸，披着一片蹩脚的裙子。什么乱七八糟的！勃然大怒之后，我们又随即爆发出大笑。

布里卡夫人走进来，身穿紧身衣、罩衣，戴着珠宝、帽子和面纱。她展示了一顶新帽子，留意到了正在制作中的裙子，带着几分热情或轻嘲，布里卡夫人脱下衣服，穿上裙子，把袖子打个巧妙的结，前后颠倒，将裙摆卷成蓬蓬裙，拉低领口。太迷人了！配上一点豹纹作为装饰，又多了一款高级定制裙。但所有这些原本奇妙闪光的布料一经剪裁缝制，便会在第一次试穿时变成一堆不成形的碎布。于是我们重新拿起布料，再次裁剪，以期找回让人痴迷的那份柔软风情。最后，玛格丽特夫人开始感到绝望，我也变得不耐烦。一个完全到位的款式出现了。"简直美得像一幅画！"在高级定制业的术语中，"画"就是完美的代名词。赞美、欢欣、亲吻，一切烦恼烟消云散。模特儿得意洋洋，首席技工高兴地离开。

另一位怒气冲冲的女士走了进来。她负责的裙子被撤掉了。雷蒙德夫人作为亲善大使去抚慰她破碎的心，澄清事实，擦去她的眼泪……聚合如此多的才华，必然也汇集了敏感的情绪，以及无法预料的冒犯。为了这些布料，多少人的心被扰动啊！

只剩最后几天了，你会有一种奇怪的感觉，仿佛什么都没做，高级定制系列中没有一条裙子拿得出手。玛格丽特夫人魂不守舍，布里卡夫人为她的帽子忧心忡忡。我们想重头来过，重新出发。早已确定的那些高级定制裙（最多几周前）现在看着已经过时了，让人厌倦。要抵抗这种疲倦带来的沮丧需要很大的勇气，否则你会想重新开始。幸运的是，发布会日期已经确定。我相信，如果不是定好日期，设计师们永远也不会展示他们的作品，总会发现有地方需要重改，因为最后的时刻给他们带来了太多的焦虑和怀疑。

最后一场彩排终于结束了这场动荡。珠宝选定了，需要妥善安排。这项工作由忠诚的朋友兼顾问，埃蒂安·德·博蒙 [39] 伯爵负责。珠宝由他主持设计。他建议用白色高级定制裙搭配红宝石，淡蓝色的则搭配翡翠，博蒙伯爵潜心研究珠宝，像酿造美酒一样打磨钻石，像彗星留下一道光轨。他对高级定制系列怀着舞会般的热情……对他来说，生活就是一支舞蹈，从美好时代到现在，所有最美的女人们都在最美的裙子里翩翩起舞。

39 Etienne de Beaumont, 1883—1956 年，芭蕾舞剧、戏服及珠宝设计师。——译者注

确定了珠宝，现在轮到手套、围巾、手帕了，它们能提亮略显黯淡的整体造型……可以在这里放一朵花，那里绑一条丝带……我们选定了包、阳伞、鞋子。然后重新审看帽子。

最后确定走秀的流程。

最后两天是在某种奇怪的寂静中度过的。整个公司都陷入沉浸式忙碌，没有余暇去"发脾气"。这是一种高度的专注。

手工作坊的工作结束了。看上去似乎已经无事可做。

偶尔，会出现最后一刻决定的款式，或者某条高级定制裙必须进行临时调整。

想逃跑。

希望来一场突如其来的灾难，或者任何致命事件，能阻止这次高级定制系列的展示。

现在无论想改变什么都已经太迟了。

希望一死了之。

大街上，人们开始在门口聚集。

需要看一眼沙龙的装饰，看看大家是否各就各位，检查一下商店。模特已经开始穿上昨晚搬下楼的第一批高级定制裙或套装。打电话给手工作坊让人把还在缝制的最后一批送过来。吉约姆正在给发型做最后的修饰。

这是最后的冲刺。

推迟了十分钟。

必须亲自敲响宣布开始的三声钟响。

表演即将开始。

尽管感到紧张和恐慌，我能猜到，编辑们挥舞着手里的名片挤在门口，纷纷想要进来。艾米尔和费尔迪南负责维持秩序，仅允许一小部分人进入，这样便于二楼控制场面。为了维持秩序，一切都得提前考虑周全。座位数必须和受邀人数相当。

露琳夫人和公关部门花了好几天时间准备沙龙的座位图。*Harper's BAZAAR* 坐他们的固定

113

沙发，Vogue 的宝座在壁炉前面，贝蒂娜·巴拉德 [40] 和米歇尔·德·布伦霍夫坐他们的老位置。*Fémina* 与他们面对面。*L'Officel* 坐在视野清晰的把角处，艾莲娜·拉札雷夫 [41] 所在的位置能眼观六路。

Le Figaro 牢牢据守他们的老地盘。伏日尔和加尔达盖斯彬彬有礼地将"第一排"的座位让给 Jardin des modes 的女士们。吕西安·弗朗索瓦 [42] 想要一个最佳观察点。艾丽丝·夏凡一定要靠近暖气。吉纳维芙·佩鲁 [43] 特别怕冷。有第一排、第二排、第一沙龙、第二沙龙、入口和楼梯。每个人都像坚守领地一般紧盯着自己的位置，哪怕一丁点的改变都被视为一种冒犯。斯诺女士准时到达，看似心不在焉，眼神却清晰明澈。贝蒂娜·巴拉德的优雅兼具欧美风情。玛丽-路易斯·布斯凯坐下来，笑容可掬地跟每个人打招

40 Bettina Ballard，Vogue 的时尚编辑。——译者注

41 Hélène Lazareff，1945 年在巴黎创办了 ELLE 杂志。——译者注

42 Lucien François，演员，摄影师。——译者注

43 Geneviève Perreau，时尚编辑。——译者注

呼，讲述早上最新出炉的八卦。

很快，楼梯上的预留位置被坐满了，楼梯平台也没空着，人声逐渐升高。站在沙龙角落的发布会总指挥雷蒙德夫人，终于给出了信号。

Je suis Couturier

———

迪奥 谈 Dior

迪奥的第一场秀，1947 年 2 月 12 日，图中模特展示了 Bar 夹克和褶裙，这身搭配也成为新风貌风格的标志

表演正式开始

　　灰色缎质幕布缓缓拉开，第一个模特走进沙龙。每个人都坐定，安静下来。现在该轮到媒体工作了。

　　在每个沙龙的入口，一名报幕员（专用术语）会报出每件样衣的名字和编号（用英文和法文）。与此同时，化妆间里穿衣脱衣忙成一片。

模特们全都是"变脸"高手，她们一扫连日来的疲惫，全身心地投入到展示中。心无旁骛，尽力做好本职工作。换句话说，就是"抓住"她们的观众。毕竟模特们是大众认为的在时装界最熟悉的人。

　　就是她们让高级定制裙拥有了生命，为品牌赢得声誉。当你看到她们穿过沙龙，轻巧转身，用冷酷的眼神盯着观众的帽子（为了走秀效果，模特必须盯向观众的头发根处），你会以为她们既高傲又冷漠。没人记得开幕前她们那些疲惫却必要的付出，接连数小时试衣，数小时站立……我们必须懂得让她们展现出最好的一面。她们的竞争，她们的心情，她们的善良，她们的偏爱，都需一一考虑，有时得哄哄这个，有时得斥责那个。她们既烦人又迷人。这就是我们爱她们的原因。这个行业充满了生机和灵动，全靠木偶模特

**119**

来展示会怎样？我连想都不敢想。

对我来说，第一次发布会那天，化妆间就像地狱，而对公众来说，它应该像花束，而且还总期待着花束最后能如烟花般绽放……

还是说回到时装秀。雷蒙德站在一个柱子旁边，柱子后面隐藏着一个门铃。这是每个模特轮流等待进场的信号。展示节奏必须快，否则观众就会感到厌倦，分心或者开始交谈。所以必须不惜一切代价避免冷场（冷场是发布会负责人的噩梦）。做到这点实在太难了！想象一下，一间为12个模特设计的穿衣室，现在却塞满30个人：首席技工，技工助理，12或14个模特，两个忙碌的发型师，配饰师，还有200套高级定制裙，手套，帽子，披肩，阳伞，项链，鞋子……这些难以形容的场景热闹得像马克斯兄弟的喜剧。雷蒙德怒气冲冲地按响门铃。太恐怖了！冷场发生了。芭芭拉的耳环不见了。有人扔给她别人的手套。我推着芭芭拉朝门口走，但首席技工发现裙子上有根线头，用手抓着不放。我跳起来继续推她出门，与此同时，海莲娜挑衅地盯着她，试图"抢她的风头"（她们都喜欢这样做）。最恐怖的时刻是晚礼服展示。这些礼服从天花板上降下来，模特们在她们的鱼骨裙里苦苦挣扎。门铃又响了！快，快，快！喧闹声达到高潮。项链扔来抛去，吉约姆梳着发，我推着安娜冷静而庄重地走出这片混乱，她的头抬得高高的，眼神坚定，在浑然不觉的观众面前表演着……

模特不能表现出后台的紧张。她要看起来得像是花了大量时间梳妆打扮，仿佛她心里平静如水，我心里也同样平静如水。我得承认自己其实焦虑极了，当发布会在沉默中稍微延长时，我更要极力控制并刻意隐藏这份焦虑。人们总说沉默代表专注，但我更喜欢掌声！掌声给我带来希望。在那一刻，我不再去想高级定制系列的商业前景，心里只有这最初的数小时，最初的发布，最初的成功。其余的无关紧要了。孩子已经降生，要等到明天我们才知道他是否漂亮，才能预测他的未来。

当新娘婚纱作为高级定制系列结束的信号进入沙龙时，最初的恐惧再次攫住了我。

接下来轮到我亮相了。掌声是否足够？赞美是否真诚？我需要微笑，表示感谢，亲吻拥抱。

我会想到那些不完美的地方，那些我本可以放进来的高级定制裙，那些未完成未展示的款式我反而觉得是最好的。如何相信自己？如何感到满足？我们总是希望自己能做得更好。

向媒体展示是第一次挑战。

第二次挑战是向买家展示。买家们对工作和责任专注一致，他们极富批判精神，绝不会产生任何能够背叛其选择的热情，他们也会表达赞许。买家们的观点显然和那些媒体人有所不同，后者总是试图理解设计师的思想，从一个高级定制系列中尽可能拿到最多最美的素材以供他们的杂志使用。

买家支付观看高级定制系列的费用，这是他们为在店里采购所支付的一笔保证金。这一大笔钱对外行来说或许过于高昂。但这些买家全都有我们所谓的"摄影眼"。他们有能力，我不敢说复制一件样衣，但至少保存其想法、形状、细节。他们购买一套时，已经在脑子里拍摄了十套。

此外，他们经常带着首席技工一起来，这些人有着令人发指的记忆力。在高级定制系列发布后，他们会再来，花上几个小时触摸、翻转、揉捏，剥开样衣。有时场面真是惨不忍睹。衬里被撕开，袖子被翻转，他们恣意检查样衣，充分查探秘密和布料的质感。

幸好并非所有买家都是如此。而最好的买家也是对高级定制裙最尊重的人。他们对这些裙子的尊重如同真正的行家。他们知道它们代表了勤勉、照料和爱。买家们经常在店里滞留到深夜，让负责的销售员神经紧张。他们挑选、淘汰、增加、减少，选择替代布料。有时必须保持冷静，因为并非所有人都有好的品味。有的买家会将这件的上半身与另一件的下半身以及第三件的袖子结合起来，以便以一种价格买到三个想法。最后，到了凌晨两点，买家会约定次日早上八点再来。他们不知疲倦，永不餍足。这便是买家们的工作。在商言商，买家们尽可能买到最好，我们则尽可能卖到最好。随着时间的推移，有些买家成了我们亲密和忠实的朋友，我们很高兴接待他们。

下午五点钟左右，我们会备一些自助餐，奉上香槟和三明治，让买家们感到宾至如归。去年夏天，我们甚至在店里为一位买家庆祝生日。知道她生日的销售员准备了香槟和带蜡烛的蛋糕。那是晚上 11 点左右，气氛温馨极了，大家亲如一家人。

和对媒体进行筛选一样，对买家也有严格的筛选。有时，买家们会抱怨这种防范措施有点羞辱人。

但我们尽可能防止抄袭。

一开始，被抄袭似乎代表了某种荣誉。但人们没有意识到的是，"抄袭即偷窃"，因为现在抄袭已经商业化了，有组织地抄袭引发了一场真正的掠夺。除了防不胜防的团队作案，还有"抄袭个体户"。在一次新闻发布会上，一位通过窗帘上的小孔观察观众反应的首席技工警告我说她在观众中认出了一位裁缝。这位裁缝正在给展出的样衣画速写。我气愤不已，冲出后台，抓住那位女士的手腕，把她带到楼梯口。

然后，我在大厅中撕掉了这位女士的入场证（无疑是通过不正当手段得到的）和草图。

我感觉自己脸色苍白，也许我当时有些冲动，但抄袭的确应该受尽羞辱。

以上就是推出新款的所有前奏。关于我的设计，我的感受，我的工作方式，我所说的一切都是非常个人化的。我不认为有两种完全相同的工作和应对方式。我只代表我自己。也许我的表达有些过于热情了。但是，这份工作只能怀着爱去做。全心投入，就像每个渴望成功的人那样。

Je suis Couturier

迪奥 谈 Dior

PRIMPOLAISE

顾
客

　　高级定制设计师的客户给"顾客"这一古老词汇赋予了其原本具有的崇高含义。设计师和客户间的关系实际上是建立在互惠互利的基础上的，没有哪一方可以独立存在。

　　一个只逛"时装区"而从不光顾"高级定制沙龙"的女人，永远不可能成为真正的优雅女人。一个只为买家和批发商设计的设计师，他的灵感

130

很快会变得工业化。客户，就是那个始终与设计师，或者至少和店铺保持接触的鲜活存在。她们提醒着他，女人穿衣不是为了蔽体，而是为了有魅力。只有男人才需抵抗寒冷和炎热！

设计师对客户的首要责任自然是为她们设计漂亮的衣裙，但更重要的是给她们一个与时代相契合的形象。有人会借用大仲马的话来回答我，说女人的装扮时而像门铃，时而像雨伞。这话放在《茶花女》诞生前可能没错，但在我们这个时代，女性的形象随季节而变，就像我们的习惯和思维方式一样。世界的节奏已经变了。时尚也随之而变。

设计师创造了客户的线条。但是一个高级定制系列的总线条，是通过150到200件样衣表达的，包括了日常装、晚装、晨装，并非像新款汽车的线条那样具象而刻板，外行人一般难以觉察，但是客户自己却不会弄错。她知道如何找出我们所谓的"趋势"。她会凭直觉挑选有新鲜感的样衣，选择那些潜力无穷的裙子。在她们钟爱的裙子中，那些出现在沙龙和餐厅、街头和报纸上的裙子，那些原本只属于高级定制的样衣，却被客户带入日常生活中，它们在设计师和公众心中都留下了深刻的印象，这些设计会为设计师的下一次创作带来灵感。可以毫不夸张地说，客户是我们真正的合作伙伴。

客户对设计师负有何种责任？我不会说是支付账单，因为这个答案实在太过平平无奇了。女性对设计师的责任是选择能够彰显她美丽的衣裙，因为那些不适合她的高级定制裙也同样会损害品牌的形象。女性不应该说 X 或 Y 的高级定制裙不是她的菜，不适合她，因为每一系列都有适合各类女性美的裙子。你只需懂得如何选择，如何了解自己，如何在镜子前端详自己，你寻找的不是理想中的女性形象，而是真实的自己。

毋庸置疑，无论在心灵还是在肉体层面，客户们都各不相同。然而，她们之间有许多共同特征，构成独有的特点与法则。只有拉布吕耶尔[44]才懂得用笔触描绘出使高级定制设计师成功的所有女性样本。

首先，有一类被我称为"裙控"。她对打扮有种打游戏上瘾般的热情。"裙控"打扮不是为了丈夫，不是为了情人，也不是为了让朋友们嫉妒。她就是喜欢看时尚发布会，挑选，试穿。她脑子里有样衣的全目录。熟谙所有款式，就像客舱乘务长一样，甚至比乘务长做得更好。在里昂，据说有个铁路迷能背下包括本地列车在内的法国

44 La Bruyère，这里指的是让·德·拉布吕耶尔（Jean de La Bruyère）1645—1696 年，法国作家，善于观察描绘世态人情，著有《品性论》。作家罗兰·巴特认为此书"在一定意义上是一部全知的书"。——译者注

Je suis Couturier

————

迪奥 谈 Dior

**133**

所有列车的时间表。裙控可以告诉你一顶帽子上有多少根草秆或者一件花呢外套有多少个格子。她睡觉前会惦记明天要订购的裙子，梦中也充满了搭配这条裙子的各式帽子。醒来第一件事就是打电话要求和负责她的销售员再约一次，尽管早已见过五六次了。"她的"设计师（因为她的梦想是把一切尽数纳入她的麾下）对她来说就像一位真正的心灵导师，至于她的销售员，不可或缺的程度就像莫里哀的《无病呻吟》离不开小骗子托马一样。更奇怪的是，她的优雅有种无病呻吟般的想象，对她来说，拥有那些高级定制裙，试穿，纳入衣橱，展示，比穿着它们更重要。她真的会穿这些高级定制裙吗？我不是很确定。她喜欢的是想象一些场景，有时可能是纯虚构的，她会穿上这些心爱的裙子，过着某种双重人生。为了快乐，她只需珍藏优雅吗？如果没有丈夫或家人的阻止，无法餍足的她会愉快地买买买直至破产。但是，谁又能责怪她呢？至少我不会！

有一位客户的名气如雷贯耳：她永远无法被取悦。无论她多富有，消费水平多高，销售人员都对她避之不及！因为她们清楚，与其费尽心思让她满意，还不如保护好自己的小心脏，因为让她满意的可能性几乎为零。实际上，这位客户订购裙子的目的好像是只为了批评取乐。比如说，如果她的身材有些丰满，她会对试穿的裙子未能让她拥有西尔维亚的腰围大为恼火。不幸的是，西尔维亚的腰围（48 厘米）并不随她选购的裙子绑定销售。"这条裙子不显好"，她会如此抱怨，因为从第一次试穿开始，她就在考虑如何改造这件样衣，让她穿上能重返二十岁。如果试穿效果不错，那么布料就肯定不合适，她会挑剔说它的质量不如样衣，这当然绝非事实。有些客户极度渴望找出设计师的错误，她们会数样衣上的镶嵌

135

物或宝石，然后核对试穿的裙子上是否有相同数量的装饰。如果少了一厘米的刺绣，她们就会取消订单。这些挑剔的客户对交货期也极为严苛。裙子必须在几号几点送到，把这件事情看得和诺曼底登陆一样重要。工坊必须熬夜制作，完工时间必须精确到秒——一条可能只会在两天后穿的裙子……

亲切友善、彬彬有礼、希望讨好所有人、不清楚自己想要什么的客户也让销售人员感到绝望。在她身上试穿完整个系列（只要尺寸合适）之后，她会犹豫不决，反复十次才做出选择，然后又要求全部改动，换领口、换布料、换颜色，最后在第一次试穿时发现她还是错了，应该选那件最初推荐给她的款式。

完美的客户了解自己的预算，并且清楚自己

要什么。她一年来两次，每次订购两三条裙子，并且准时付款。对这样的客户，销售人员大可放心。我们知道，裙子一旦送达，她就会拿去给她的小裁缝复制，然后借给她的一两个好闺蜜。时代艰难，丈夫们都很吝啬么？女人们只能尽力而为了。这些客户即使不是最荣耀体面的，通常也是最令人愉快的。

最后是我们的女王们！我们的荣光，我们的缪斯，她们是我们渴望的、钦羡的、热爱的、敬慕的，她们是优雅的女性，是"巴黎女人"，不论她们是在波士顿、布宜诺斯艾利斯、伦敦、罗马出生，还是真的在巴黎十六区的帕西出生。

世界上有多少这样的女性？一百个，还是十几个？总之人数非常稀少。要成为一位真正优雅的女性，她必须既传统，又时髦（这是比美丽更

**137**

加罕有的天赋），而且财力丰厚。

在任何情况下都修饰得体（修饰这个词代表着完美、深思熟虑和预先规划，从皮草到鞋子），现在能做到这些是非常不容易的。但一个真正知道如何着装的女人，即便不是万事俱备，也能在无须订购大量衣裙的前提下打造一个完美的衣橱，因为她有自己的风格。正是这些客户的选择在帮助我们预测未来。她们是我们的触角，是她们让我们梦想成真。

我要在这里感谢她们，因为没有她们，高级定制就无从谈起。

女销售

要满足所有这些不同类型女性纷繁复杂的要求，必须拥有清醒的头脑，冷静的态度和健康的身体。这就是温柔坚定的苏珊·露琳和她麾下的女销售员们。

任何人都左右不了苏珊·露琳，无论是在电话里，还是直面戏剧性的突发状况，她的心态如此乐观，悲剧总能以喜剧结束。她能让最心急的女士耐心等待，并以同样的恬淡自然安排一条失败的高级定制裙重新制作（这在业内并非罕见！）。露琳的头发总是乱糟糟的，目光炯炯有神，平和又健谈。对生活的热爱帮她承接了所有的疲惫与风雨。最忙碌时，在凌晨两点接待完最后一批买家后，她还会带他们一起去跳舞，因为欢乐的巴黎必须始终保持欢乐……

早上八点，再次回到店里的她像往常一样轻松又清爽，充满勇气和快乐。

满面笑容，甜美如蜜的销售员们，同销售助理们一起在楼梯的台阶上恭候客人……"您好，亲爱的夫人""这个系列里有很多东西适合您""您瘦了！……真是太好了！……"。这是销售员招呼客人的常用语。有亲切的销售员，严肃的销售员，稳重的销售员，商业型的销售员，有品位的销售员，世界级的销售员，"高级定制型"销售员，还有"鳄鱼型"销售员，因为曾经卖出一条裙子给一位巴西女士，就放言："巴西市场归我了……"

在这些微笑后面，隐藏着整间公司的商业武器库。太多无所事事的女性以为卖裙子是件再简单不过的事。事实上，销售是一门需要学习的职业，要懂心理学，要有勇气，还要有坚韧不移的性格。销售员必须有好品位，懂得如何引导客户，了解她们的消费实力和生活方式。

分管制作的多面手林泽勒夫人也会过来帮助和指导销售员。销售员必须"跟踪"她的裙子。这意味着她必须确保面料在工坊被善加使用，她所销售的高级定制裙与样衣的面料一致，试穿按时准备好，裙子准时交付。在客户眼中，她是责任人，对公司来说，她也是责任人。一位被怠慢的客人，一次投诉，一笔坏账，都会让她遭到公司的猛烈批评。销售就是一份左右为难的差使。高级定制业和剧院一样，后台的生活并不总是美丽光鲜。从公司最高层到最基层，从沙龙到手工作坊，要想成功，就必须时刻不停地努力。

因为这份职业也是商业。

Je suis Couturier

———

迪奥 谈 Dior

商务活动

克里斯汀·迪奥：外行人把高级定制设计师的工作视为一种疯狂、任性、梦幻、挥霍和轻浮的混合体……实际上，在香水、纱网、模特和小饰物的表面之下，在所谓的装饰花边背后，是一项商务活动。其中，每一米绉纱都能变成数字、图形、常数、加法、减法、比例，总之全是数学计算。我们是出售创意的商人。我们的管理层必须将每一季创造的新设计销售出去，并以严格的商业方式实现收支平衡。注意，一个操心付款期限的设计师是不会有创作所需的灵感自由的，但一切都相互依存。如果一场时装秀的成功取决于服装的品质，那么公司的良好运转就必须安排销售，让创意产生效益，带来秩序、目标精准、具备商业精神，从而维护客户群。

这个微妙的角色由公司总经理鲁埃先生诠释。为了完成这个角色，他需要精通管理和运营，同时理解艺术，知道如何在被爱的同时也被敬畏，当人们谈论"高级定制"时，他用"数字"来作答。

从如此多的任性、不稳定和奇思妙想中，鲁埃先生还是设法建立了一个可预见的稳健业务。

时尚品牌就像一个健康状况脆弱的人。每天

都需要测体温，检查脉搏，测量血压，进行分析，总的来说，就像医生一样，要做到零隐患零意外。

总经理的分级表上，公司的运营情况就像医生的体温单一样清晰明了。有了这张信息周全的表，他能在三十秒内看出公司的经营状况是否健康。

鲁埃先生制作出一套包括预测、常数、报告、文件的系统，这套系统能即刻回答最意想不到的问题……比如，在某年的某周，我们和澳大利亚的业务额是多少。

这个系统不是什么秘密，我来解释一下。我们有两种客户。

个人客户和我之前提到的专业买家，每种客户又可以分为两种：

法国客户

外国客户

在巨大的分级表上，我们每季都会记录购买曲线。八月，你可以看到专业买家的曲线不断上升，然后曲线在九月下降，而个人客户的曲线则开始上升。这些曲线以两种不同的颜色标记。但如果不同时考虑与工坊的关系，这些计算就是无效的。销售量可观但耗费大量劳动力是没有意义的，我们必须非常精确地计算劳动力和销售之间的比例。所以，在同一张表上用第三种颜色标出了劳动力曲线。七月份曲线在下降（部分工作室员工放假，只留下对新的高级定制系列有用的工人），八月份上升，九月份下降（部分工作室员工放假），十月份上升，等等。

除了这张反映公司整体运营状况的表格，我们还有一个简单有效的档案系统。

每位个人客户都有专属档案。这份档案包括姓名、地址、护照号、尺寸、信用、广告价值、工作室、销售员，还列出了购买年份、每个高级定制系列所消费的金额、客户性格（是否易相处）、出生地、信用价值、透支情况，以及品类细节，如高级定制、皮草、帽子和精品店等。

为了让客户档案在大档案盒中清晰可见，客户名被斜着写在档案顶部，购买信息以彩色方块的形式用铅笔写在档案文件边缘。这样，无需移动任何东西，我就可以立刻告诉你，在1949年，

Y 夫人没有购买帽子，但是她光顾了"皮草部"，或者 Z 夫人只在精品店购物。

如果某位大客户在某部门的购买量减少，或者根本零购买，这些信息就可以帮助我们展开调查，找出她失去兴趣的原因。是因为这位客户遭遇困扰了？是销售员的问题？还是她不喜欢新的系列？这使我能够跟踪每位客户的选择，在设计时有时会纳入考量。这些对未来的高级定制系列设计常常是宝贵的提示。

除了这些档案，每个模特的每一款样衣都有档案记录，包括样衣名、展示它的模特、序列号、购买者的名字、她们的身份、国籍、订单日期，以及高级定制裙买家分类列表：图纸、面料、复制品。

我们还有按国家分类的档案，分类方式相同，这样我们可以在半分钟内告诉你美国、希腊或意大利在 1948 年或 1950 年的发布季中消费了多少钱。

仅行政部门就有 46 名员工，每天工作 8 小时。这项工作看起来似乎与高级定制无关，但实际上对公司的运营至关重要。不管怎样，它让设计师有了思考的自由，并尽可能地平衡生产和销售。

以上就是所有的问题。

A.C. 和 E.R. : 时尚有逻辑吗？

克里斯汀·迪奥：我认为是有的……你们有没有注意到，在世界大同的整体环境下，每个国家都在重新反思自己的个性，并抵制这种自然的推动？

　　在我们这里，人们正在抵制那些与自然景观、生活方式相违合的异形建筑。我们已经厌倦了那些缺乏人性光彩的绘画和怪里怪气的雕塑。我非常敬慕毕加索和马蒂斯，他们传递的信息既真诚又活泼，而他们的模仿者却让它消亡了。"新风貌"系列之所以成功（且容我将一段时尚小插曲与如此深刻的演变相提并论），只是因为它符合当下的趋势，这个时代正在试图走出机械化和非人性化，回归传统与稳定。哪怕荒谬也要不顾一切地创新不再是主流追求。这类事情我们已经屡见不鲜了……像所有的时代一样，我们的时代正在寻找自己的面孔。唯有真理的镜子才能将其映照出来。怀着自然与真诚，我们不知不觉进行了变革。

153

1925 年的女性，戴着一顶帽沿压低的帽子，与当时主宰一切的机器人形象有相似之处。今天的女性机器人让人感到恐惧。

面对一个无知或敌对的世界，欧洲开始意识到自己，意识到自己的传统和文化。

因此，时尚重新严重西化，如果它接受异国情调，那也只是通过非常遥远的暗示，而且这些暗示已历经不同时代的层层过滤。

我们如今所处的时代如此黑暗，大炮和四轮驱动汽车成了人们眼里的奢侈品，我们必须脚踏实地捍卫自己原有的奢侈品。我不否认这种做法有违当今世界的潮流，但我坚信这样做至关重要。基本的衣食住行之外的存在本身就是奢侈品。我们的文明是一种奢侈品，这就是我们要捍卫的。

我想反驳那句过于耳熟能详的、令人沮丧的说法:"过去可以,现在不行了。"我拒绝接受我们必将失败的这一假定。我相信,在任何时代,若想创造一些有价值的东西,都必须如此。

我把我的职业看作一种斗争,用来对抗时代的平庸和沮丧。

一切似乎都正在走向倾塌。我们唯一的职责就是不屈服,树立榜样,无论多难也要创新。

Je suis Couturier

———

迪奥 谈 Dior

# Christian Dior

N° 6

**44 · COCOTTE**

Robe après midi, pied de poule
garnie velours noir.

Christian Dior
30 AVENUE MONTAIGNE
PARIS 8

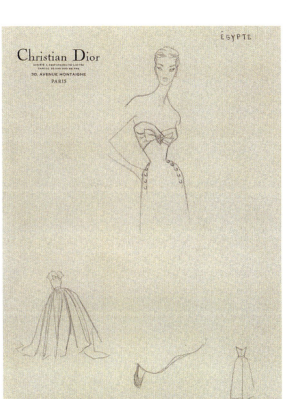

ÉGYPTE

Christian Dior
SOCIÉTÉ À RESPONSABILITÉ LIMITÉE
CAPITAL 55.000.000 DE FRS
30, AVENUE MONTAIGNE
PARIS

Hiver 51-52

Nº

AUTRICHE

**Christian Dior**
SOCIÉTÉ À RESPONSABILITÉ LIMITÉE
CAPITAL DE TROIS MILLE DE FRS.
30, AVENUE MONTAIGNE
PARIS

HIVER 51-52

N°

# Christian Dior

30, AVENUE MONTAIGNE · PARIS

**Christian Dior**

SOCIÉTÉ A RESPONSABILITÉ LIMITÉE · CAPITAL 25 000 000 DE FRS
30 AVENUE MONTAIGNE
PARIS

N° P·E· 1955

**图书在版编目（CIP）数据**

迪奥谈Dior / (法) 克里斯汀·迪奥
(Christian Dior) 著；潘娥译. —— 重庆：重庆大学出
版社, 2024.5
（万花筒）
ISBN 978-7-5689-4446-5

Ⅰ.①迪… Ⅱ.①克… ②潘… Ⅲ.①消费品—法国
—图集 Ⅳ.①F76-64

中国国家版本馆CIP数据核字(2023)第037445号

# 迪奥谈Dior
DI AO TAN DIOR

[法]克里斯汀·迪奥 （Christian Dior） 著
潘娥 —— 译

责任编辑：张　维
责任校对：邹　忌
书籍设计：崔晓晋
责任印制：张　策

重庆大学出版社出版发行
出版人：陈晓阳
社址：（401331）重庆市沙坪坝区大学城西路 21 号
网址：http://www.cqup.com.cn
印刷：天津裕同印刷有限公司

开本：850mm × 1168mm　1/32　印张：5.5　字数：67 千
2024 年 5 月第 1 版　　2024 年 5 月第 1 次印刷
ISBN 978-7-5689-4446-5　定价：69.00 元